DE L'ERGOT ET DE L'ERGOTINE

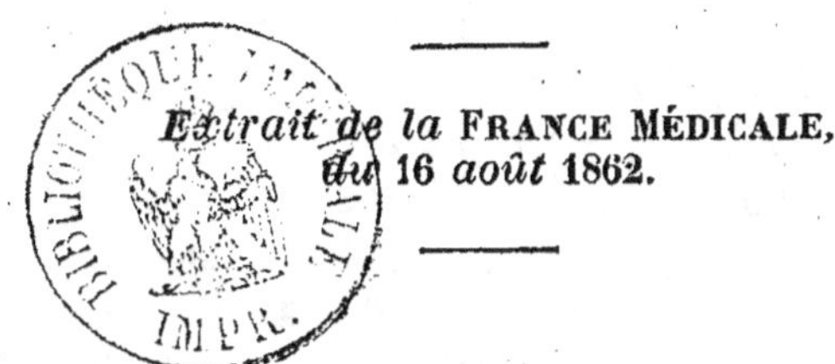

Extrait de la FRANCE MÉDICALE, *du 16 août 1862.*

Monsieur le Rédacteur,

Le 15 mars dernier, M. Ch. Leperdriel présentait, sur *l'ergot de froment*, une thèse à l'Ecole de pharmacie de Montpellier pour en obtenir le diplôme de pharmacien de première classe. Plusieurs journaux ont ensuite rendu compte de ce travail ; la *France médicale*, entre autres, lui a consacré trois articles dans ses numéros des 3, 10 et 17 mai dernier.

Il m'est impossible de laisser sans réponse les théories au moins hasardées contenues dans cette thèse, qui ne renferme aucun fait nouveau ou sérieux de quelque valeur. Je n'apporterai, à le prouver, que des faits bien établis, comme j'ai l'habitude de le faire dans mes travaux en général, et je compte sur l'esprit d'impartialité et de progrès qui dirige votre intéressant journal, pour accueillir dans ses colonnes la défense d'un sujet qui fait, depuis plus de vingt ans, l'objet de mes constantes études.

En 1840, vous le savez, la Société de pharmacie de Paris mettait au concours la question jusqu'alors si controversée du seigle ergoté. J'isolai

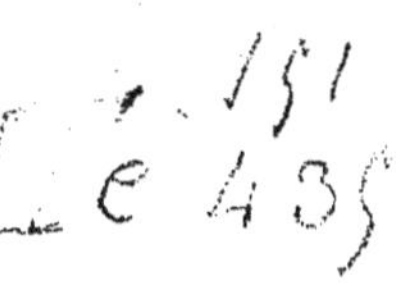

1862

les deux principes actifs de ce sclerotium, j'en
étudiai la nature et les propriétés ; mon mémoire
obtint une médaille d'or. Le problème était plei-
nement résolu. L'ergotine est aujourd'hui partout employée, et, depuis cette époque, personne,
que je sache, n'est venu ajouter un fait nouveau
de quelque importance aux travaux que j'ai pu-
bliés sur ce sujet dans mon *Traité théorique et
pratique de l'ergot de seigle* (1).

M. Leperdriel ne comprend point ce traité
dans le nombre, par lui cité, des auteurs qui ont
écrit sur la matière (p. 9, 10, 14 et suivantes) ;
ne l'a-t-il pas lu, ou feint-il de n'en avoir pas
eu connaissance, pour justifier au besoin le sujet
de sa thèse? En tout cas, il est à regretter qu'il
n'ait pas mieux employé son temps et son savoir
en choisissant, pour sa réception, un autre sujet
d'étude qui lui eût permis de présenter à ses
juges des faits utiles et nouveaux.

En débutant, mon jeune confrère veut bien
reconnaître (p. 17) *que M. Bonjean a rendu un
véritable service à la médecine en apprenant à
séparer le principe toxique de l'ergot, et à compo-
ser ce remède si efficace qu'il désigne sous le nom
d'ergotine.* Puis, immédiatement après, et comme
correctif de cet aveu, il me reproche, en s'étayant
de M. Bouchardat, le nom d'ergotine donné « à un
produit complexe et mal défini. » J'ai prévu, il
y a dix-huit ans, cette objection, fort peu sérieuse du reste, en écrivant à la page 190 de
mon *Traité sur l'ergot :* « Quoique l'ergotine ne
» soit pas un principe immédiat défini, j'ai cru
» devoir la désigner ainsi, comme on a appelé
» *émétine brune* l'extrait alcoolique d'ipéca-
» cuanha. Comme les alcaloïdes, l'ergotine agit

-----

(1) Un vol. in-8º de plus de 300 pages, avec figures
coloriées. 1845, Paris, Germer-Baillière, éditeur.
Prix : 5 fr.

» souvent à la dose de quelques grains, et cette
» dénomination n'entraîne avec elle aucun in-
» convénient. »

M. Leperdriel passe ensuite en revue la pro-
duction de l'ergot en général, les caractères et
les propriétés physiques de l'ergot de seigle et
de celui de froment, la partie chimique, les pré-
parations pharmaceutiques, et l'action hémostatique de l'ergotine de froment. Ces premiers
points de sa thèse ne contiennent pour ainsi dire
rien de nouveau ; ils sont en partie la reproduc-
tion de ce qui a été dit par ses prédécesseurs, et
notamment par moi dans le traité dont j'ai précédemment parlé. Je ne citerai, de cet ouvrage, que
les lignes suivantes, pour prouver au pharmacien de Paris que, bien longtemps avant lui,
j'avais étudié et constaté l'analogie de l'ergot de
froment avec celui de seigle :

« La forme de l'ergot (p. 15) diffère peu dans
» toutes les glumacées ; celui du seigle est plus
» allongé que celui du froment (fig. 11), ce der-
» nier conserve à peu près la forme du grain
» sain. » Plus loin (p. 126), en parlant des
symptômes généraux de l'empoisonnement produit par l'ergot de seigle, je dis : « Tout porte à
» croire que l'ergot des autres plantes agit comme
» celui du seigle ; c'est du moins *ce que j'ai pu
» constater pour l'ergot de froment* (1). »

L'ergot de froment est toujours et partout
excessivement rare ; notre confrère en convient,
car il dit, p. 32 : « L'ergot de froment est très
» rare ; néanmoins aux environs de Paris, dans
» la Beauce, l'Orléanais et en Auvergne, nous

---

(1) C'est avec beaucoup de peine que je parvins,
dans un voyage que je fis en Italie en 1842, à trouver
une petite quantité d'ergot de froment pour mes
expériences, n'ayant pu m'en procurer alors ni en
Savoie, ni en France, malgré mes recherches.

» avons pu en recueillir de magnifiques échan-
» tillons. » Mais rien que des échantillons ! et
p. 40 : « L'ergot de froment est également très
» rare à Gênes, à Florence, et dans d'autres
» villes de la péninsule italique. » Comment donc
M. Leperdriel peut-il conseiller la substitution
de l'ergot de froment à l'ergot de seigle, dès
qu'on ne peut s'en procurer assez pour les besoins de la médecine, aujourd'hui que la découverte de l'ergotine nécessite l'emploi d'une quantité considérable d'ergot ?

On se l'expliquerait difficilement si, en lisant
sa thèse, on ne s'apercevait bien vite qu'elle a
surtout pour but de venir en aide à un jeune
confrère du Puy-de-Dôme. Ce dernier, plus heureux que les naturalistes qui l'ont précédé, dit
avoir trouvé des quantités assez considérables
d'ergot de froment pour en faire l'objet d'une
exploitation pour laquelle il s'est borné, ou à
peu près, à copier à son tour ma propre notice.
Ceci explique cette contradiction de M. Leperdriel ; elle ne sera pas la seule que j'aurai à
signaler dans son mémoire.

En dehors des particularités que je viens de
citer, sa thèse repose sur les deux points sui-
vants :

1° L'ergot de froment est moins altérable que
l'ergot de seigle ;

2° Il contient moins de principe toxique et
plus d'ergotine.

1° *Altérabilité de l'ergot de seigle.*

Qu'il me soit permis, pour bien fixer le corps
médical sur la question d'altérabilité de l'ergot
de seigle, de donner un peu d'étendue à cette
base principale de la thèse qui m'occupe ; et pour
traiter cette question, la plus importante en l'es-
pèce, je n'ai presque besoin que de reproduire
les arguments et les faits que j'ai consignés, dès

1845, aux pages 59 et suivantes de mon traité sur l'ergot.

L'ergot, de même que toutes les substances organiques, s'altère avec le temps. Les insectes surtout l'attaquent avec facilité et le réduisent plus ou moins en poussière. Au lieu de chercher, comme je l'ai fait, à connaître la nature de cette altération, sur quels principes elle portait, on a trouvé plus commode de dire que, dans cet état, l'ergot se trouve dépourvu de propriétés médicales, et telle serait, d'après l'avis du plus grand nombre de médecins, la cause générale des insuccès qu'ils rencontrent parfois dans l'administration de ce remède.

Il est vrai qu'on observe parfois l'inertie de l'ergot; mais ce reproche ne peut-il pas être adressé à tous les médicaments héroïques? et, au lieu d'en attribuer la cause à l'inopportunité des cas, à l'idiosyncrasie des malades, etc., on a préféré la rattacher à la nature même du remède, explication surtout fort commode pour satisfaire l'esprit et se dispenser de recherches ultérieures.

C'est ainsi que, pour quelques auteurs, l'ergot de certains cantons, ou récolté dans les années pluvieuses, est tout à fait inerte; pour d'autres, il n'a que peu ou point d'action lorsqu'il est trop ancien, conservé dans des lieux humides ou enfermé dans des boîtes ou bocaux dans lesquels il s'échauffe, s'altère et perd ses effets habituels. Celui-ci veut qu'il soit recueilli à la main, par un temps sec, et conservé dans des vases non fermés; celui-là pense que, lorsqu'il est exposé à l'air et pulvérisé depuis longtemps, il perd considérablement de ses propriétés médicamenteuses. Tous, enfin, recommandent de ne l'employer que récent, et réduit en poudre à mesure du besoin. Ces diverses opinions, je ne crains pas de le dire, sont plutôt un jeu de l'imagination que la conséquence de faits pratiques. De là, cette foule de procédés proposés tour à tour pour conserver l'ergot et lui assurer la constance de ses effets physiologiques.

Aucun de ces procédés ne saurait être mis en pratique, s'il s'agissait de conserver une certaine quantité d'ergot; le moins long et le plus facile serait encore inapplicable à la conservation d'une substance que son emploi journalier rend incompatible avec de telles exigences. Un agent aussi précieux serait d'abord à jamais banni de la matière médicale, si l'oubli de ces minutieuses précautions le rendait réellement infidèle. Au lieu de se perdre en vaines théories pour trouver des moyens capables de prévenir cette prétendue altération des propriétés médicales de l'ergot, les auteurs devaient chercher d'abord à connaître le changement que ces diverses modifications apportent dans sa nature, et, par suite, dans ses vertus médicales et toxiques; ils devaient constater avant tout l'existence du mal qu'ils s'efforçaient de combattre; ils devaient s'assurer, en un mot, qu'ils ne poursuivaient pas une chimère.

Cette question présentait beaucoup d'intérêt au point de vue pratique; j'ai dû mettre tous mes soins à la résoudre. L'expérience seule pouvait fournir des résultats capables de donner une juste idée des opinions conjecturales que chacun s'est plu à émettre à ce sujet; c'est donc l'expérience seule que j'ai invoquée, comme je le fais d'habitude dans des recherches de ce genre. Voici donc la marche que j'ai suivie pour connaître la nature de l'altération que l'ergot subit avec le temps.

500 grammes d'ergots, *ayant deux ans de récolte*, ont été séparés, par un triage à la main, en trois catégories différentes, comprenant, pour 100 parties :

1° Ergots sains. . . . . . .   87,00 ⎫
2° Ergots à cassure jaune aman-   ⎪
de (couleur produite par une alté-   ⎬ 100
ration particulière de l'huile) . .   2,50 ⎪
3° Ergots piqués et vermoulus.   10,50 ⎭

Après avoir extrait des n°ˢ 1 et 3 l'ergotine et le principe toxique, je me suis assuré, par des essais sur les animaux pour le poison, et par des observations sur l'homme pour l'ergotine, que ces deux principes jouissent de propriétés identiques dans l'ergot sain comme dans l'ergot vermoulu et piqué (p. 117 et 236 de mon Traité).

Ce n'est pas tout. Il fallait pousser plus loin mes démonstrations sur l'ergot lui-même, et non plus sur ses principes isolés, afin de faire disparaître jusqu'au dernier doute sur l'importante question qui nous occupe ; c'est ce que j'ai fait. De la poudre d'ergot de seigle soumise, dans une assiette, au contact de l'air et à toutes les vicissitudes atmosphériques *pendant deux années entières*, a conservé, après ce laps de temps, dans les nombreux cas où elle a été employée, les propriétés obstétricales dont la poudre récente serait seule douée (ouvrage cité, p. 209).

En présence de tels résultats, qui datent de près de vingt ans, et que M. Leperdriel devait connaître, que penser des lignes suivantes qui, seules, paraissent avoir motivé le choix du sujet de sa thèse ? « Précédemment, dit-il page 39,
» nous nous sommes appesanti sur la prompte
» altérabilité du seigle ergoté (p. 22 et 23) ; nous
» dirons ici que la plus remarquable des proprié-
» tés physiques de l'ergot de froment est sans
» contredit celle de résister à la destruction et de
» conserver longtemps ses vertus médicales,
» sans qu'il soit besoin de prendre les mêmes
» précautions que pour celui du seigle. De la
» poudre renfermée dans un papier et laissée
» dans un tiroir n'avait, au bout d'une année,

» subi aucune altération ; employée par plu-
» sieurs médecins, elle agit tout aussi énergique-
» ment que de la poudre récente. Pourrait-on
» en dire autant du seigle ergoté? Non sans
» doute, puisque, ainsi que nous l'avons prou-
» vé (1) précédemment, les auteurs recomman-
» dent de conserver l'ergot de seigle dans des
» flacons hermétiquement bouchés et tenus dans
» un lieu sec, et de ne les mettre en poudre
» qu'au fur et à mesure des besoins. »

Ainsi donc, M. Leperdriel a obtenu les effets désirés de la poudre d'ergot de froment *pliée dans un papier renfermé dans un tiroir* PENDANT UN AN, et il affirme (sur quoi?) qu'on ne pourrait pas en dire autant du seigle ergoté! J'ai pourtant obtenu des résultats non moins favorables, ainsi que je l'ai dit plus haut, de la poudre d'ergot de seigle exposée pendant DEUX ANNÉES *dans un plat* et non dans un papier fermé, *au contact de l'air*, c'est-à-dire de l'influence de toutes les intempéries de cet agent, et non dans un tiroir, où l'action de l'air et de l'humidité est singulièrement amoindrie. Tout autre commentaire serait ici inutile ; le monde médical appréciera.

Passons maintenant au second point sur lequel notre confrère s'appuie pour motiver l'emploi de l'ergot de froment de préférence à celui de seigle ; nous verrons s'il sera plus heureux.

---

(1) C'est *dit* et non *prouvé* que M. Leperdriel aurait dû écrire ; car il n'a rien prouvé, et n'a fait que citer les procédés d'autrui, dont il n'a pas cherché à vérifier l'exactitude, et qui ne reposent sur aucune base sérieuse, comme je crois en avoir donné précédemment la preuve convaincante.

2° *L'ergot de froment contient moins de principe toxique et plus d'ergotine que l'ergot de seigle.*

En analysant comparativement l'ergot de seigle et l'ergot de froment, M. Leperdriel a trouvé, page 47, sur cent parties :

	Ergot de froment.	Ergot de seigle.
Extrait hémostatique .	28,10	27,10
Ergotine selon Bonjean.	8,50	7,30
Huile toxique . . .	24,60	29,00

« Ces chiffres, dit-il, établissent, sinon une
» grande différence entre les deux ergots, du
» moins un avantage en faveur de celui de fro-
» ment, c'est-à-dire, pour ce dernier, quantité
» plus grande de principe extractif en même
» temps que proportion moindre d'huile rési-
» neuse toxique. »
» Le second avantage de l'ergot de froment
» sur celui de seigle est donc d'être tout aussi ac-
» tif, plus même, ainsi que nous le prouverons
» dans la suite, et beaucoup moins vénéneux. »
La réponse à de telles assertions se trouve dans
le journal même auquel j'adresse ces lignes. On
lit, en effet, dans la *France médicale*, p. 298 :
« La différence que M. Leperdriel a trouvée
» dans les proportions de ces divers principes ne
» nous paraît pas suffisante pour justifier la pré-
» férence qui, selon lui, devrait être accordée à
» l'ergot de froment sur celui de seigle. » Cette
opinion, j'en ai la conviction, sera partagée par
tous les hommes de science, jaloux de n'accor-
der leur influence et leur nom qu'à des travaux
consciencieux et exacts. La *Gazette médicale de
l'Algérie* se range de ce côté. Dans la longue
appréciation qu'elle fait de la thèse de M. Leperdriel, se trouve le passage suivant, rédigé
par M. Commaille, l'un de ses meilleurs rédac-

teurs : « Si ces résultats ont été obtenus en pre-
» nant la moyenne de plusieurs analyses faites
» sur des produits de diverses provenances, voilà
» une donnée utile. Cependant, remarquons
» qu'en prescrivant deux grammes d'ergot, on
» administre réellement :

» Avec l'ergot de seigle, 0 gr. 14 d'ergotine,
» et 0 gr. 51 d'huile toxique ;

» Avec l'ergot de froment, 0 gr. 17 d'ergotine,
» et 0 gr. 47 d'huile toxique.

» Que peut-on conclure de si faibles différen-
» ces ? »

J'ajouterai : que signifie cette différence quand,
ce qui est le plus ordinaire, l'ergot est administré, non pas à la dose de 2 grammes, mais à celle
de 25 ou 50 centigrammes à la fois ?

Du reste, en dehors de ces considérations mêmes, on ne pourrait absolument rien conclure des
différences assez faibles trouvées par M. Leperdriel dans la proportion des principes actifs des divers ergots qu'il a analysés ; j'ai fait moi-même un
grand nombre d'analyses de ces mauvais grains,
dans toutes les conditions possibles de maturité,
de développement, de vétusté, d'altération, de
localités, etc., et j'ai acquis la preuve que, dans
ces cas, la proportion des divers principes de
l'ergot varie, comme cela arrive avec beaucoup
d'autres végétaux doués d'une action énergique.
Ce n'est donc pas sur un travail isolé, mais bien
sur la moyenne de plusieurs analyses exécutées
dans ces diverses circonstances, que l'on peut
raisonnablement établir, comme je l'ai fait pour
l'ergot de seigle, les proportions respectives
d'huile et d'ergotine contenues dans les différentes espèces d'ergot qui peuvent être em-
ployées en médecine.

M. Leperdriel fait encore un dernier effort
pour essayer de prouver la supériorité de l'ergot
de froment sur celui de seigle. A cet effet, il cite

quelques rares observations dues au zèle obligeant de quelques honorables médecins, qui ont pourtant déclaré, en les livrant, *ne pas vouloir engager l'avenir* (p. 72). M. Commaille, comme pour faire oublier les quelques éloges donnés à l'ensemble de la thèse, dont je conteste à bon droit la valeur, détruit complétement cette dernière et chancelante preuve par ces sages et énergiques paroles : *Comment, après des années d'emploi, des milliers d'observations, on est encore dans le doute sur les propriétés médicales et toxiques de l'ergot de seigle, et il en serait autrement pour l'ergot de froment, qui fait son apparition dans la pratique médicale?*

Enfin, tout le monde connaît les contradictions dont l'ergot de seigle a été successivement l'objet sous le rapport surtout de ses vertus obstétricales ; la question, pour beaucoup, n'est même pas résolue aujourd'hui, car bon nombre de médecins lui attribuent encore une action funeste sur la mère ou sur l'enfant. M. Leperdriel prétend trancher cette importante question en faveur de l'ergot de froment, au moyen de quelques citations faciles à combattre, et il a fait de cette partie de sa thèse le sujet d'un article qui a pour titre : *l'Ergot de froment ne produit point d'effets dangereux ; ils sont beaucoup moins à craindre par lui que par l'ergot de seigle.* M. Commaille répond encore à cette singulière contradiction : *comme nous ne pouvons parvenir à faire marcher de front les idées émises dans ces deux membres de phrases, nous sommes obligés de nous taire.* On m'approuvera, je l'espère, d'imiter ici la réserve de ce spirituel écrivain.

La *Gazette des hôpitaux* de Paris (12 juin), en rendant compte de ce travail, dit : « Les ver-
» tus hémostatiques de l'ergot de froment sont
» absolument les mêmes que celles de l'ergot de
» seigle ; mais le premier de ces agents présente

» plus de garantie pour arrêter les flux hémor-
» rhagiques que l'ergot de seigle. L'analyse chi-
» mique démontre, en effet, la présence de 4
» p. 100 d'extrait hémostatique de plus en faveur
» de l'ergot de froment. » Comment ce raisonne-
ment a-t-il pu échapper à un journal aussi sérieux? 4 p. 100! c'est-à-dire que 1 gr. 20 d'ergot de froment contiendraient autant d'ergotine
que 1 gr. 25 d'ergot de seigle! Du reste, l'ergot
en nature n'est plus guère administré dans les
hémorrhagies; on lui a depuis longtemps subs-
titué avec avantage l'ergotine, qui possède, dans
ces cas, tous les avantages de l'ergot, sans avoir
les inconvénients que révèle souvent la présence
du principe toxique dont l'ergotine bien *prépa-
rée* est complétement exempte. La *Gazette des
Hôpitaux* conclut ainsi, avec M. Leperdriel, en
terminant son article : *Nous considérons l'ergot
de froment comme moins altérable, plus efficace,
et moins toxique que l'ergot de seigle.* Les faits
que j'ai apportés pour combattre ces assertions
erronées changeront, j'ose l'espérer, l'opinion
de l'auteur des conclusions susrelatées.

L'*Union pharmaceutique* (juin 1862), en pas-
sant en revue la thèse qui m'occupe, termine par
ces mots : *Nous souhaitons que la Commission du
nouveau Codex accueille le précieux médicament
que M. Leperdriel a fait connaître.* De quel
précieux médicament peut-il être ici question?
Est-ce de l'ergot de froment? Mais le Codex ne
saurait imposer aux pharmaciens l'obligation
d'user de ce grain, de préférence à celui du seigle. Serait-ce de l'ergotine? Si, comme on doit
s'y attendre, la Commission du nouveau Codex
adopte ce remède, déja inscrit dans la pharma-
copée de plusieurs autres nations, elle voudra
sans doute honorer et récompenser ainsi l'auteur
de cette utile découverte, qui, au lieu de l'ex-
ploiter à son profit, en a généreusement publié,

dès 1843, les procédés de fabrication dans l'intérêt de la science et de l'humanité.

CONCLUSIONS.

De tout ce qui précède, je tire les conclusions suivantes, toutes basées sur des expériences et des faits pratiques incontestables.

En ce qui concerne l'altérabilité de l'ergot :

1º Les divers agents physiques propres à détériorer tous les êtres organisés soustraits à l'influence vitale, n'agissent pas d'une manière sensible sur les principes actifs de l'ergot de seigle, qui conserve, dans tous les cas, la même force, la même énergie dans ses propriétés médicales et toxiques.

2º La pulvérisation immédiate de l'ergot n'est pas nécessaire pour en obtenir de l'efficacité. Le contact de l'air, prolongé pendant plusieurs années, ne diminue rien des propriétés qui rendent ce mauvais grain si utile dans l'art des accouchements.

3º Il est donc inutile de mettre tant de soin à tenir l'ergot à l'abri de l'air, de la lumière, etc., dans le but de prévenir son altération, puisque l'action de ces divers agents ne fait éprouver à ses principes actifs aucune modification essentielle, et que, dans ces cas, les insectes qui l'attaquent n'en rongent que les parties gommeuses, sucrées ou fibreuses, sans toucher à l'ergotine ni à l'huile.

4º Si l'ergot est parfois inerte, s'il ne produit pas toujours les effets qu'on doit en attendre, inconvénient qu'il partage, du reste, avec beaucoup d'autres végétaux, cela tient à l'inopportunité des cas, à l'idiosyncrasie des malades, ou à toute autre cause à laquelle l'ergot lui-même demeure complétement étranger dès qu'il a abandonné l'épi qui lui a donné naissance.

5° Rien ne prouve, loin de là, qu'il faille abandonner l'ergot de seigle en faveur de l'ergot de froment, auquel M. Leperdriel attribue des avantages si contestables, et qu'on ne saurait se procurer, vu son excessive rareté, qu'en quantité bien insuffisante pour les besoins de la médecine. Ces mauvais grains, quelle que soit leur provenance, doivent participer, en tout cas, des mêmes avantages et des mêmes inconvénients, et je dis, avec M. Commaille : « Employons » donc les ergots, qu'ils soient de seigle ou de » froment, selon que nous les avons sous la » main ; mais gardons-nous de croire que quel- » ques fractions d'unité, signalées par une ana- » lyse en plus ou en moins, puissent faire qu'un » même produit soit ici redoutable et là inno- » cent. »

Telle est également la conclusion d'une lettre insérée dans l'*Union médicale* du 12 juillet. L'auteur de cette lettre, M. le docteur B. D..., s'intitule : « un vieux praticien de campagne, habite la Beauce, le pays des céréales. Il déclare avoir souvent cherché de l'ergot, en avoir presque toujours trouvé dans les seigles, jamais dans les blés. Il a vu des blés rouillés, charbonnés, mais jamais ergotés. »

En ce qui concerne la proportion relative des principes actifs des divers ergots.

6° La proportion de ces principes ne saurait être constante ; elle varie, comme pour la digitale, la noix vomique, la belladone, l'aconit, le colchique, etc., avec diverses circonstances où le degré de maturité, l'époque de la récolte, l'état de conservation, les localités et le degré de vétusté jouent le principal rôle.

7° Cette proportion des deux principes essentiels de l'ergot de seigle, comme de celui de froment, ne peut être basée que sur la moyenne de plusieurs analyses exécutées dans les diverses circonstances que je viens d'indiquer, et non sur le résultat d'un travail isolé.

8° Les arguments apportés par M. Leperdriel en faveur de l'ergot de froment ne reposent sur aucun fait qui mérite sérieusement la confiance des praticiens; ils légitiment moins encore la publicité étendue donnée à son mémoire dans un but qui sera apprécié. Il se juge lui-même dans ce sens à la page 93 de sa thèse, où il dit :

Notre travail terminé, nous éprouvons le besoin de faire savoir à nos juges que nous ne l'avons pas exécuté selon nos désirs. Le temps surtout nous a manqué « pour faire de notre thèse un mémoire sérieux et intéressant », digne du sujet « que nous avons si témérairement entrepris » ; d'autre part, les documents en notre possession, et qui, au début, nous paraissaient suffisants, « n'ont pas satisfait notre juste avidité » ; nos analyses « incomplètes », le petit nombre d'observations médicales que nous avons pu nous procurer, nous ont plus d'une fois découragé, et, sans notre espérance de rendre quelques services à l'humanité en faisant connaître le résultat de nos études sur l'ergot de froment, nous eussions renoncé à présenter cette thèse.

En vérité, quels services peut attendre l'humanité d'un travail qui n'est, d'après l'auteur lui-même, *ni sérieux ni intéressant*, qu'il a *témérairement* entrepris, *qui n'a pas satisfait sa juste avidité*, et qu'il dit basé sur des analyses incomplètes!!!

Chambéry, 12 juillet 1862.

J. BONJEAN,
membre de l'Académie impériale
des sciences de Savoie, etc.

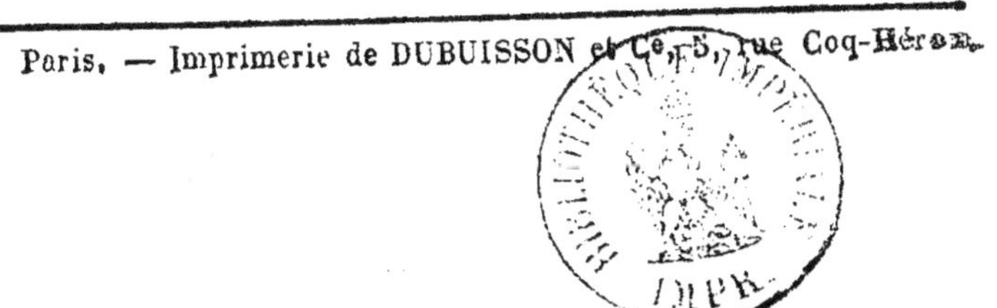

Paris. — Imprimerie de DUBUISSON et Cⁱᵉ, 5, rue Coq-Héron.